AF603218

QUELQUES OBSERVATIONS

SUR LA

GUERRE RUSSO-JAPONAISE

PAR LE

Lieutenant MARÈS

DU 17e RÉGIMENT D'INFANTERIE

PARIS

HENRI CHARLES-LAVAUZELLE

Éditeur militaire

10, Rue Danton, Boulevard Saint-Germain, 118

(MÊME MAISON A LIMOGES)

QUELQUES OBSERVATIONS

SUR LA

GUERRE RUSSO-JAPONAISE

OUVRAGES ALLEMANDS CONSULTÉS

Militär Wochenblatt.

Kriegstechnique Blötter.

Deutches Offizierblatt.

Behrmann. — *Hinter den Külissen des Mandschurischen Kriegstheaters.*

Colonel Gadke. — *Kriegsbriefe aus der Mandschurei.*

Capitaine Immanuel (Académie de guerre). — *Der russich-japanische Krieg.*

Major Löffer. — *Der russich-japanische Krieg in seinen taktischen und strategischen Lehren.*

QUELQUES OBSERVATIONS

SUR LA

GUERRE RUSSO-JAPONAISE

PAR LE

Lieutenant MARÈS

DU 17e RÉGIMENT D'INFANTERIE

PARIS

HENRI CHARLES-LAVAUZELLE

Éditeur militaire

10, Rue Danton, Boulevard Saint-Germain, 118

(MÊME MAISON A LIMOGES)

Le travail que j'ai l'honneur de présenter ici n'est ni une étude critique de la guerre russo-japonaise, ni un exposé sommaire des événements qui se sont déroulés en Mandchourie.

Je désire seulement soumettre à mes camarades quelques observations qui m'ont été suggérées par la lecture de documents qu'on ne cesse de publier, tant en Allemagne qu'en France, sur les divers incidents des hostilités, heureux si je puis sinon intéresser mes lecteurs, du moins leur indiquer les divers points qui m'ont paru dignes d'arrêter un moment leur attention.

Béziers, le 1er août 1906.

Lieutenant Marès.

QUELQUES OBSERVATIONS

SUR LA

GUERRE RUSSO-JAPONAISE

CONSIDÉRATIONS GÉNÉRALES

Si l'on se rappelle quelle était la situation générale en Extrême-Orient après la paix de Shimonoseki et, surtout, la situation particulière faite à la Russie par ce traité, on comprend facilement le désir qui devait depuis lors hanter cette puissance de se fixer sur les bords du golfe de Petchili avant que le Japon ait pu lui-même de nouveau s'y établir.

Cette tentative n'était certes pas sans danger, car la Russie avait déjà fort à faire pour conserver les nombreuses possessions qu'elle avait su s'assurer en Asie orientale depuis que Iermack Timolcieff lui avait donné les premières provinces sibériennes. Il était à craindre que la seule voie du chemin de fer transsibérien à peine achevée ne fût plus suffisante pour assurer avec célérité et surtout avec certitude les relations qui devaient être établies entre les provinces nouvellement conquises et la Russie d'Europe. Il aurait été, semble-t-il, beaucoup plus sûr de consolider tout d'abord la voie déjà établie et de doubler cette voie en lui donnant toute la solidité possible et l'entourant de toutes les garanties désirables : les relations ainsi fortement et solidement établies avec la Russie d'Europe, on pouvait se lancer avec espoir de succès dans la conquête de provinces nouvelles.

Mais le temps ne permit pas au gouvernement russe d'employer un tel moyen progressif, très sûr, mais très lent; au moment de l'agression si prompte du Japon, il ne lui resta plus qu'à considérer le nouveau danger imprévu qui venait s'ajouter aux autres, et qu'à chercher à y parer le plus rapidement possible tout en accélérant le complet achèvement du Transsibérien.

Tout d'abord on était, en Russie, entièrement d'accord sur l'évidence d'un succès futur en Asie orientale. Ce n'est que par suite de la tournure malheureuse que prirent les événements que l'idée se répandit de plus en plus dans le peuple, que le gouvernement avait été trop pressé d'agir en Extrême-Orient, obligeant ainsi le Japon à lui faire la guerre, et qu'il eût mieux valu relever auparavant, par des réformes faites à l'intérieur, la force du peuple et de l'armée russes, quitte à remettre à dix ou quinze ans plus tard cette tentative d'expansion sur le golfe de Petchili. On oublie, semble-t-il, qu'après un tel laps de temps la même entreprise contre le Japon déjà établi n'aurait pas été sans quelque danger ; vraisemblablement, au moment où le Japon aurait pris librement position sur la terre ferme et prévenu la Russie restée simple spectatrice, on n'aurait pas manqué, dans le peuple lui-même, de jeter à la face du gouvernement, non moins hautement et avec une non moins grande apparence de droit, le reproche d'avoir manqué de prévoyance et d'énergie.

Ce moment, d'ailleurs, ne se serait pas fait longtemps attendre, car le Japon était beaucoup trop près du territoire contesté et y avait des intérêts beaucoup trop grands pour ne pas chercher au plus tôt l'inévitable combat décisif (auquel il se préparait sans trêve ni repos), qui devait assurer la possession effective du territoire convoité. La Russie a, sans doute, perdu actuellement ce combat qui l'a surprise en flagrant délit d'organisation et non encore préparée pour une lutte décisive ; mais elle a du moins essayé, avec les faibles effectifs disponibles, de lutter contre l'envahisseur, de lui opposer partout la plus énergique des résistances et de montrer que, si elle était obligée d'abandonner ce pays dont elle considérait depuis longtemps l'occupation comme absolument nécessaire à l'achèvement de son œuvre d'expansion, elle ne le faisait que poussée par les circonstances et après avoir épuisé tous les moyens de résistance qu'il lui était possible de mettre en jeu.

Et cela, le gouvernement russe l'a fait malgré les malheureuses défaillances qu'il arrive à connaître actuellement tous les jours plus nombreuses, malgré la nation elle-même, et surtout malgré la classe moyenne dont l'aversion pour la guerre s'accentua en même temps que s'augmentèrent les malheurs de l'armée et arriva peu à peu à paralyser le gouvernement et à annihiler les dispositions qu'il prenait pour la préparation et l'exécution des mesures propres à continuer la guerre et peut-être à assurer le succès définitif.

Les conditions n'étaient pas du tout les mêmes du côté japonais : depuis 1895 le gouvernement avait pris grand soin d'inculquer à tous le sentiment qu'une injustice politique telle que la paix de Shimonoseki et l'occupation russe de Port-Arthur devait être vengée et que le temps pressait pour la revanche. Le voisinage du théâtre de la guerre augmentait, d'ailleurs, l'intérêt que portait le peuple à une telle entreprise, et les bruits de victoire qui arrivaient sans cesse augmentèrent encore la conscience que les Japonais avaient d'eux-mêmes et de leurs droits, en même temps que leur enthousiasme pour cette guerre qui s'annonçait si heureuse.

La même différence existait aussi entre les troupes qui se trouvaient en présence sur le théâtre de la guerre.

Le manque de sentiments capables de sacrifice et de dévouement à l'intérêt général, l'absence de la compréhension de la responsabilité personnelle dans une action où d'autres sont engagés qui caractérisent spécialement la véritable nature russe, n'ont pas été sans influence sur la valeur intrinsèque de l'armée, valeur que rendait beaucoup plus illusoire encore la discipline très rudimentaire qui y régnait. Les excellentes qualités militaires évidentes du soldat russe isolé, sa frugalité, son dévouement pour son chef et son mépris de la mort n'ont pu contrebalancer ces faiblesses trop réelles. Et d'ailleurs ces qualités personnelles ont été vite étouffées par l'impression produite dans l'armée par les malheureux débuts de la guerre, à tel point que quelques mois à peine après l'ouverture des hostilités le soldat russe, accablé par tant de défaites et tant de retraites successives, n'était plus devenu qu'une machine sans volonté et sans ressort entre les mains d'officiers déjà tout aussi déprimés.

On pourrait donc, semble-t-il, se demander si le général Kouropatkine n'a pas été plutôt victime de circonstances indépendantes de sa volonté que de la faiblesse avec laquelle il a conduit ses troupes. Mais si ces circonstances ont malheureusement influé sur le résultat final des opérations, il n'en reste pas moins vrai que, pour amener ce résultat, s'entrecroisèrent et s'accumulèrent les effets de beaucoup de causes dépendantes de la direction et du commandement russes, qui commirent, notamment dans les grandes batailles décisives, plusieurs erreurs fondamentales provenant non seulement du caractère même du général en chef, mais encore et surtout d'une fausse conception de la nouvelle tactique.

La cause fondamentale de l'insuccès du général Kouropatkine, et dont les effets devaient encore augmenter à mesure que la fatalité s'acharnait sur son armée, paraît résider dans le manque de cette compréhension claire et personnelle de la situation, qui trouve instantanément les moyens propres à parer à toutes les éventualités et à subvenir à tous les besoins. Le premier et le plus mauvais effet d'une telle cause fut nécessairement de vouer l'armée russe à une passivité progressive qui, parce qu'elle ne voit pas le point de départ de l'action, le but que se propose l'ennemi, ni celui qu'elle veut atteindre, se condamne elle-même et malgré l'excellence des moyens mis à sa disposition à une impuissance d'autant plus cruelle qu'elle se rend bien compte qu'elle ne peut aboutir à rien. L'agitation nerveuse et la réaction sans but contre les effets de la tactique et des mouvements de l'ennemi ne peuvent passer pour de l'action et si, parfois, les circonstances empêchent de faire nettement de l'action, il est nécessaire de conserver toujours sur l'ennemi l'initiative des conceptions et des mouvements décisifs.

La défense russe en Extrême-Orient n'aurait pas dû, elle surtout, tomber sous la dépendance redoutable de l'ennemi. Elle se trouvait avoir entre elle et le cœur de son pays des masses énormes de terre ne constituant pas le domaine propre de la Russie et que l'on pouvait à la rigueur abandonner sans regret à l'ennemi. Elle possédait donc une liberté de mouvements sans bornes et devait, avant tout, en profiter pour fatiguer son adversaire, l'éloigner de sa base d'opérations, et lui tomber dessus plus tard toutes forces réunies.

Les Japonais, en effet, ont été, dès le début des opérations, particulièrement éprouvés par le caractère même du théâtre de la guerre, et la promptitude de leurs mouvements comme la direction qu'il fallut leur imprimer s'en sont profondément ressenties. Après un an et demi de guerre, après trois grandes batailles décisives livrées avec succès, ils ont bien effectivement occupé une partie de la Mandchourie ; mais ils ne se sont pas le moins du monde rapprochés du centre de gravité de la puissance russe. Au moment de la cessation des hostilités, les limites les plus extrêmes des possessions propres de la Russie en Extrême-Orient étaient (à part Sackaline) encore intactes, ainsi d'ailleurs que les parties de la côte qui se trouvaient directement accessibles après que le Japon se fut assuré la domination absolue sur les mers.

Si les Japonais se sont aussi facilement arrêtés dès les premières tentatives du président Roosewelt en faveur de la paix, c'est qu'ils avaient la conviction absolue que leur marche victorieuse les avait entraînés trop loin de leur base d'opérations et qu'il leur faudrait maintenir toutes leurs forces disponibles sur la limite extrême du terrain conquis s'ils voulaient le conserver et le défendre contre l'ennemi qui pouvait, à tous moments, reparaître plus nombreux. L'occupation matérielle et l'organisation de la Mandchourie du Sud et de la presqu'île du Liao-Toung, ainsi que le siège de Vladivostock, devenaient dès lors impossibles et les derrières de l'armée japonaise resteraient toujours découverts.

Le commandement russe ne se trouvait donc pas, au début des opérations, dans une situation désespérée, ni même défavorable, loin de là. On a essayé d'expliquer l'insuccès de Kouropatkine en disant que les chefs subalternes russes et surtout la cavalerie, dont les reconnaissances ont souvent manqué le but, avaient abandonné et quelquefois même contrecarré leur général. Il est certain que, sous ce rapport, il a existé de grandes défaillances, notamment au début de la guerre, en ce qui concerne l'accord des chefs subalternes entre eux pour l'emploi et la coopération des armes dans le combat. Mais si cela peut l'atténuer, la responsabilité du chef suprême n'en reste pas moins accablante. Si sa volonté s'était fait sentir sûre, calme, ferme et énergique, peut-être les sous-ordres auraient-ils pu encore hésiter dans leurs mouvements et dans l'exécution des ordres ; mais chaque mouvement aurait tendu vers un but déterminé, et l'accord, pour ne pas être parfait, n'en aurait pas moins existé. Si le commandement sait ce qu'il désire obtenir, il saura toujours ce qu'il doit demander à ses subordonnés comme à ses reconnaissances, et l'ensemble s'orientera bientôt vers une voie juste et bien déterminée. En un mot, l'action du commandement supérieur et l'activité des organes inférieurs se complètent et se favorisent réciproquement ; mais les derniers reçoivent toujours la direction, l'impulsion et le but du premier.

Il est vraiment malheureux que, pour le général Kouropatkine, comme en 1866 pour le général Benedek, la destinée ait été aussi tragique, et, qu'après une vie remplie de succès et de triomphes il ait terminé sa carrière dans un échec écrasant. Il est à regretter qu'il n'ait pas trouvé dans son caractère, son énergie et sa volonté les qualités dernières et nécessaires qui l'auraient élevé au faîte de la plus haute grandeur historique.

Toutes ces causes de faiblesse dans le commandement supérieur dans l'armée et dans le peuple russes n'existaient pas du côté des Japonais.

Chez ceux-ci, en effet, se manifeste à tous moments, et non seulement au grand quartier général, mais encore dans l'armée tout entière, un vif désir d'action énergique et continue. Dans tous les grades et dans tous les corps de troupes le sentiment de l'initiative et de la responsabilité personnelle est développé au plus haut degré. Chacun veut avancer coûte que coûte, et quelquefois même les chefs doivent intervenir pour modérer l'ardeur du combat et contenir les réserves à leur place. D'ailleurs le peuple, plein d'enthousiasme pour la guerre, se sentit encore plus fortement stimulé par l'annonce des nombreux succès et se vit naturellement entraîné à faire des efforts encore plus grands, encore plus considérables, que la durée imprévue de la guerre ne put arriver à modérer. Dans ces conditions le succès était assuré au Japon ; mais les résultats atteints répondent-ils au but primordialement fixé et aux forces dépensées ?

Dans cette étude nous nous contenterons d'envisager spécialement ce qui nous intéresse directement, c'est-à-dire la conduite des opérations et la tactique des différentes armes (principalement l'infanterie), en ayant bien soin de ne pas nous laisser aveugler par le succès, de ne pas l'accepter comme l'entière justification des procédés employés, et de chercher à discerner parmi ces procédés ceux qui, dans d'autres circonstances, auraient pu amener des contre-coups et peut-être même compromettre le succès final.

PLAN D'OPÉRATIONS JAPONAIS

Jamais le but d'une guerre n'est la guerre elle-même, mais toujours sa fin avec une paix aussi favorable que possible. La paix donnera la plus grande satisfaction au partenaire qui sera parvenu à anéantir la puissance de l'ennemi, à briser réellement la force de résistance de l'adversaire ; en un mot, à dicter les clauses de la paix. Pour cela la destruction des troupes de l'ennemi est généralement nécessaire, ou tout au moins faut-il infliger à l'adversaire de telles défaites que le contre-coup s'en fasse sentir sur toute la partie principale et vitale de son territoire, comme cela a été incontestablement le cas en 1806 en Prusse et en 1870 en France.

Mais il ne peut en être de même quand il s'agit de la Russie, surtout quand on l'attaque par les parties les moins vitales de sa puissance, c'est-à-dire par ses provinces asiatiques. Il ne peut venir à l'idée de personne de prévoir dans ces pays éloignés une ruine militaire suffisante pour imposer des conditions à la Russie qui peut rapprocher sans cesse ses troupes de ses provinces d'Europe, reculer pas à pas devant l'ennemi, être toujours repoussée, mais jamais anéantie.

Pour aboutir à la paix qu'il désirait, le Japon devait donc user d'un autre moyen que la destruction des forces militaires de l'ennemi et chercher à s'emparer au plus tôt de l'objet du litige en occupant immédiatement la presqu'île du Liao-Toung et le sud de la Mandchourie. La prise de possession de la Corée sans défenses était une conséquence naturelle de ce plan. Mais il existait un moyen beaucoup plus efficace d'exercer une pression effective sur les Russes, c'était de s'assurer la conquête des possessions russes en Asie orientale, c'est-à-dire, abstraction faite de Sackaline, qui n'avait jusque-là que peu d'importance, la prise de Vladivostock et de l'Ussuri méridionale. Si ces conquêtes réussissaient et s'il parvenait à se maintenir dans ces territoires, le Japon n'avait pas seulement en mains les pays contestés, mais encore possédait un gage d'une très grande valeur pour exiger en échange de sa restitution une indemnité considérable.

Le plan adopté par le gouvernement japonais devait être le résultat de pareilles réflexions. On commença à s'assurer pendant de longs mois une supériorité numérique décisive sur les forces militaires russes de l'Asie orientale. On pouvait dès lors, en agissant promptement, espérer s'approcher de l'objectif que l'on se proposait avant que pût se développer du côté russe une résistance à peu près égale. En s'avançant rapidement vers les territoires où les intérêts russes étaient atteints d'une manière directe et sensible comme la presqu'île de Liao-Toung et le sud de la Mandchourie, il était permis de supposer que l'adversaire résisterait et qu'il grouperait le plus de forces disponibles pour arrêter l'envahisseur. Ainsi se présenterait peut-être, pour les Japonais supérieurs en nombre, l'occasion d'anéantir du premier coup les faibles forces ennemies et d'assurer pour longtemps et de la manière la plus efficace la conservation des provinces convoitées.

Il paraîtra peut-être absurde à maints lecteurs et contraire à la nature même de la guerre de placer les ruines des forces militaires de l'ennemi en deuxième ligne, tandis que l'occupation d'un territoire exige la première place; c'était pourtant le cas en Asie orientale, le Japon connaissant exactement la faible situation de l'ennemi dans ces contrées, et comprenant que, par suite de la mise à exécution du plan conçu, il obligeait son adversaire désemparé à venir s'offrir à ses coups. Il ne cherchait pas tout d'abord la bataille, mais il était sûr que les circonstances la feraient fatalement naître et, pour avoir cette bataille forcée aussi décisive que possible, il s'assurait pour le début des opérations une supériorité numérique qui devait être déterminante. Du même coup il se débarrassait des troupes adverses, il occupait les territoires contestés et s'assurait jusqu'à la paix leur possession indubitable.

Telles étaient les intentions premières du gouvernement japonais ; mais en étudiant la suite des événements nous sommes obligé de constater, ainsi que certains indices l'indiquent avec une grande certitude, que le plan effectivement suivi dans les opérations n'a pas suffisamment répondu aux exigences que nous avons formulées.

Le haut état-major japonais a bien eu l'intention de débarquer dans la presqu'île de Liao-Toung dès qu'il le pourrait, de s'emparer de Port-Arthur et de s'avancer dans la direction de Liao-Yang ; il avait bien préparé une tentative contre Vladivostock pour l'époque où la défaite de Port-Arthur aurait ruiné la flotte russe et permis la coopération de sa propre flotte ; mais la plupart de ces projets ont été contrecarrés au dernier moment et n'ont pu être mis à exécution.

Le projet d'une descente rapide dans la presqu'île de Liao-Toung a été négligé par suite d'une crainte exagérée de la flotte ennemie, et par suite surtout d'une appréciation erronée des difficultés que présentait un tel débarquement ; il fut remplacé par la conception d'un mauvais débarquement en Corée, suivi d'une marche en avant lente et longue de la première armée vers le Yalu. L'espoir, au commencement bien fondé, de venir à bout de Port-Arthur en quelques semaines s'évanouit à cause du temps qu'on avait perdu sans raison ; de sorte que l'on ne put mettre à exécution le premier plan qui consistait à faire renforcer par l'armée de Port-Arthur l'armée de campagne de Mandchourie, tandis que deux divisions actives (les 7e et 8e), retenues au Japon, devaient être employées co Vladivostock de concert avec la flotte.

C'est dans ce fait initial que réside la faute fondamentale des Japonais d'avoir trop étendu leur plan d'opérations et d'avoir eux-mêmes, par suite de leurs premiers préparatifs en vue d'entreprises futures, gêné les efforts qui marquèrent le début de leurs mouvements.

Il est absolument certain que les intentions générales de la direction suprême en vue d'opérations ultérieures ne doivent ni ne peuvent retenir la décision de la première action, de même que la question de savoir dans quelle direction et dans quelle intention l'action suivante doit être exécutée ne doit être reculée jusqu'après l'accomplissement de l'action précédente. Mais il appartient au chef de tenir habilement compte de ces deux conditions tout en assurant le succès des premiers mouvements dont d'ailleurs dépendra souvent le succès des combinaisons futures. C'est toujours une faute de mêler d'autres plans au premier, et surtout si ces plans sont susceptibles d'absorber certaines forces qui manqueront peut-être pour assurer le succès de l'entreprise fondamentale. Il ne peut y avoir en stratégie de réserve gardée en dehors du théâtre d'opérations dans n'importe quel but ; elle exige, contrairement à la tactique pour laquelle l'emploi lent et successif des troupes est un besoin impératif, l'union intime et totale de toutes les forces agissantes et disponibles aussi bien dans le temps que dans l'espace.

Cette nécessité d'amener toutes les troupes disponibles sur le théâtre d'opérations ne s'est peut-être jamais fait sentir d'une manière aussi éclatante qu'au cours de cette guerre ; et le maréchal Oyama, ainsi que son chef d'état-major, le général Kodama, ont dû maintes fois, pendant la bataille de Liao-Yang, regretter l'absence des deux divisions actives retenues au Japon. Leur présence, en effet, aurait, selon les prévisions de tout le monde, achevé la retraite de l'armée russe.

Une autre faute que l'on peut reprocher peut-être au

haut commandement japonais est la lenteur des opérations au début de la guerre, lenteur qui fut occasionnée par la décision prise d'aller opérer un débarquement en Corée.

Les Japonais semblent avoir eu, pour adopter cette façon d'agir, plusieurs raisons décisives que nous pouvons ainsi résumer : le désir de prendre solidement et effectivement possession de la presqu'île de Corée ; les craintes qu'inspirait un débarquement dans le voisinage de l'escadre russe de Port-Arthur ; l'intuition qu'une marche de la Corée sur le Yalou fournirait peut-être l'occasion de se trouver dans des conditions favorables pour tenter un débarquement dans la presqu'île de Liao-Toung ; enfin, l'espoir que l'arrivée des Japonais en Corée pourrait attirer les troupes russes hors de la Mandchourie du Sud et donner l'occasion de débarquer sur la côte ainsi dégarnie.

Examinons dans quelles conditions il y avait lieu de tenir compte de ces considérations.

Tout d'abord la nécessité de s'implanter en Corée ne devait pas être considérée comme une raison primordiale, cette occupation d'un pays sans défenses pouvant se faire à volonté. Mais il fallait, au contraire, avec raison, tenir grand compte du danger très réel qu'aurait présenté un débarquement dans le voisinage de l'escadre russe. Celle-ci avait été, il est vrai, tellement éprouvée par l'attaque imprévue qui eut lieu dans la nuit du 8 au 9 février 1904 qu'il était permis d'espérer que la flotte japonaise parviendrait peut-être à battre son adversaire lorsqu'il sortirait de son port de refuge pour s'opposer au débarquement. La côte de Pitewo qui, trois mois plus tard, était effectivement choisie comme lieu de débarquement, était déjà au milieu de février le point tout indiqué pour une telle tentative. Les îles Elliot pouvaient offrir une excellente base d'opérations à la flotte japonaise en lui permettant d'abriter la flotte de transport, tandis que la division de manœuvres se porterait rapidement et en pleine sécurité au-devant de l'adversaire qui, de Port-Arthur et en longeant les îles, chercherait à atteindre la flotte de transport.

Dans ces conditions on ne peut regarder un débarquement dans la presqu'île do Liao-Toung, même au début de la guerre, comme une entreprise trop hasardeuse et faite à la légère. On a certainement, et avec raison d'ailleurs, l'habitude d'exagérer à la guerre les forces de l'adversaire; mais il semble que du côté des Japonais leur propre flotte, encore intacte et désireuse de combattre contre l'ennemi déjà affaibli, aurait pu être regardée comme un contrepoids suffisant sous la protection duquel on pouvait oser tenter le débarquement.

Il est vrai que le grand quartier général n'avait pas supposé que la marche à travers la Corée entraînerait une perte de temps aussi considérable (du milieu de février au 1er mai) ; mais déjà, pour la seule raison que la distance de Séoul à Fönghwangtschun était d'environ 500 kilomètres, la durée d'une telle marche à travers un pays montagneux, même en supposant à tort que les routes étaient meilleures, devait pourtant bien être évaluée pour le moins à cinq semaines ! Pendant ce temps l'ennemi pouvait presque amener deux corps d'armée sur le théâtre de la guerre et on peut alors se demander si, par suite de ce renforcement ennemi, la protection indirecte du débarquement à Pitsewo n'était pas contrebalancée (1). Deux corps d'armée suffisaient et au delà pour couvrir les derrières d'une tentative contre Port-Arthur.

Il est aujourd'hui fort difficile de soutenir *a priori* que, vraisemblablement, un prompt débarquement dans la pres-

(1) Une marche victorieuse des Japonais à travers le Yalu jusqu'au pays de Fönghwangtschun, couvrait directement un débarquement à Takuschan et augmentait la sûreté d'une semblable descente à Pitsewo parce qu'un ennemi qui aurait voulu s'y opposer dans la direction du sud était obligé de laisser en arrière des forces importantes.

qu'île de Liao-Toung ne pouvait avoir que des suites malheureuses, car l'on connaît la triste situation de la flotte russe, ainsi que l'insuffisance des forces militaires disponibles dans cette région. Il est vrai que la faiblesse réelle de l'adversaire est difficile à contrôler d'avance. Voilà pourquoi on excuserait presque le Japon de n'avoir pas tenté un tel débarquement si l'impérieuse nécessité de prendre pied au plus tôt sur la presqu'île n'avait pas dû avoir comme conséquence logique d'exiger de ne pas reculer devant la prétendue témérité d'une telle action. Quoi qu'il en soit, l'abandon de la part des Japonais du plan qui exigeait de tenter ce débarquement a donné aux Russes la possibilité de terminer en toute tranquillité la réorganisation complète de leurs troupes de Sibérie, ce qui était considéré par eux comme le commencement du renforcement de leurs forces militaires en Extrême-Orient, et de livrer ensuite à Liao-Yang avec des forces presque égales la première bataille décisive. Ce renoncement leur a, en outre, fourni le temps et les moyens de compléter l'armement de Port-Arthur et d'achever ses lignes de fortifications, ce qui a permis à cette forteresse de prolonger sa résistance au point de mettre les Japonais dans l'impossibilité matérielle absolue de tenter le siège prévu et désiré de Vladivostock.

Quant à l'espoir d'attirer par la résolution prise les forces militaires russes en Corée, il spéculait sur l'éventualité d'une grosse faute à commettre par l'adversaire ; mais, pour si décisifs que soient les résultats obtenus dans de telles conditions, valent-ils la peine qu'on les provoque par ses propres fautes ? Ne risque-t-on pas d'être pris soi-même au piège ! Ceci nous paraît très possible si, au moment où l'on tente cette entreprise, l'ennemi n'est pas assez ébranlé ni assez démoralisé et s'il conserve encore de l'initiative et de l'à-propos dans ses mouvements.

Résumons comme conclusion des considérations qui précèdent le plan qu'auraient peut-être pu suivre les Japonais pour arriver plus sûrement et plus rapidement à leur résultat :

A) Après la réussite complète de la surprise de la flotte russe au commencement des hostilités, tenter un débarquement rapide de forces importantes sur la côte Est de la presqu'île de Liao-Toung sous la protection de la flotte, et concurremment peut-être avec l'essai d'un deuxième débarquement à Takuschan où une action de la flotte russe pouvait être considérée comme impossible, mais où, par contre, une vigoureuse résistance sur terre était à redouter.

B) Poursuivre immédiatement l'investissement et le siège de Port-Arthur, dont les communications par terre pouvaient très bien être encore coupées à la fin de février ou au début de mars, tout en conservant, en cas de prompte reddition de la forteresse, l'intention d'employer plus tard l'armée de siège devenue ainsi disponible pour investir Vladivostock.

C) S'avancer avec tout le reste (le gros) des forces actives concentré, y compris les 7e et 8e divisions jusqu'aux environs de Moukden, tout en envoyant une division de réserve occuper la Corée.

Dans ces conditions il eût fallu que les Russes fussent favorisés d'un bonheur surprenant ou très adroitement conduits pour que leurs troupes, surprises en pleine transformation et complètement dispersées, pussent s'en tirer sans grandes pertes. Ils se seraient trouvés depuis longtemps déjà repoussés au nord de Moukden avant qu'ils eussent pu opposer à l'adversaire des forces à peu près équivalentes et alors, s'ils avaient voulu reprendre le terrain perdu, ils en auraient été réduits à marcher contre les Japonais vainqueurs.

Or, ceux-ci pouvaient, tout en restant en liaison intime avec le Japon proprement dit, occuper autour de Moukden une position centrale d'expectative et manœuvrer successivement contre chacune des colonnes que les Russes auraient dû envoyer pour les expulser des environs de Moukden et les battre isolément et en détail, comme Bonaparte en 1796, partant de sa position d'Alexandrie et marchant à leur rencontre, est arrivé à anéantir successivement toutes les colonnes autrichiennes envoyées contre lui. Cette tactique leur aurait rendu leur mission beaucoup plus facile à remplir que celle que leur imposa leur plan définitivement adopté et qui, après avoir permis la concentration russe, obligea le gros des forces japonaises à attaquer le gros des Russes et à l'expulser de ses redoutables retranchements autour de Liao-Yang et sur les bords du Schaho.

En terminant ce chapitre, nous prions nos camarades de ne point voir dans les considérations qui précèdent une critique des opérations japonaises. Nous avons voulu simplement montrer comment peut-être les Japonais auraient pu, avec plus de facilité et en sacrifiant beaucoup moins d'hommes et d'argent, arriver plus vite et plus sûrement au résultat qu'ils s'étaient proposé. Loin de nous la pensée de les blâmer d'avoir adopté le plan qu'ils ont cru devoir suivre ; il n'appartient pas à notre faible expérience de critiquer celle de gens chez qui la science de la guerre atteignait un aussi haut degré et dont le succès a couronné les efforts ! Et d'ailleurs, alors même qu'ils n'auraient pas tout à fait compris la tactique que les circonstances leur imposaient d'adopter dès le début des opérations, les Japonais méritaient le succès, parce qu'ils s'étaient fait une idée très claire de la situation et qu'ils ont marché sans hésitation et sans défaillance vers le but qu'ils s'étaient proposé. Si, pendant cette guere, les Japonais ont remporté de brillants succès, ils le doivent non seulement à la supériorité des dispositions prises par leur commandant en chef, mais encore et surtout à leur action énergique et soutenue qui devait, sans grande peine, avoir raison de la faiblesse et des hésitations du commandement russe que paralysaient l'état d'indiscipline et d'anarchie qui caractérisait son armée, et surtout le vent de révolte qui commençait à secouer l'Etat russe contre tout ce qui touchait, de près ou de loin, aux opérations de Mandchourie.

TACTIQUE PARTICULIÈRE DE L'INFANTERIE

Examinons maintenant la tactique employée dans les divers combats par les infanteries en présence, en essayant de tirer de cet examen quelques principes essentiels pour notre enseignement personnel, principes qu'il faudra nécessairement appliquer dans les guerres futures si l'on ne veut pas, *a priori*, se vouer à l'impuissance.

Il semblerait que l'on dût trouver, tout au moins au début des opérations et chez les deux adversaires, un emploi constant des formations préconisées après les défaites anglaises de la guerre anglo-boer. C'est pourtant le contraire qui s'est produit, et si, particulièrement chez les Japonais, on a donné l'ordre d'éclaircir, pour avancer, les lignes de tirailleurs et d'utiliser le terrain à outrance, jamais en aucun cas (sauf pendant les essais russes de janvier et février 1905) on n'a prescrit d'employer les formations diluées à l'excès que l'on croyait partout nécessaire de donner au combat d'infanterie en imitation du mode de combattre des Boers. Remarquons donc tout d'abord que la caractéristique du combat de l'infanterie russe comme de l'infanterie japonaise a été l'emploi exclusif et jusqu'au moment où le feu ennemi empêchait de continuer ainsi, de longues lignes de tirailleurs à intervalles réduits. arrivant même jusqu'au coude-à-coude chez les Russes et jusqu'à l'intervalle de un pas chez les Japonais. Seule la 6e division japonaise, dont le chef était un fervent adepte des principes boers, employa très souvent dans ses marches d'approche sous le feu ennemi et jusqu'à 600-700 mètres (1) de cet ennemi, des petits groupes avançant et combattant pour ainsi dire isolément, avec la seule condition de se maintenir constamment dans la direction approximative primordialement donnée et d'aller occuper la position finale indiquée par le chef : arrivés là, ils se réorganisaient pour commencer le vrai combat par le feu (2).

Pendant les longues périodes d'arrêt des opérations, le commandement chez les deux adversaires a poussé avec un zèle ardent la recherche de formations rationnelles pour le combat ; mais dans tous ces essais on a pris pour base les formations réglementaires alors en usage que l'on désirait seulement approprier aux circonstances. Jamais, d'après les officiers japonais eux-mêmes, la nécessité d'adopter un autre mode de combat ne s'imposa au point d'entraîner la modification des procédés en vigueur.

L'emploi des armes à feu modernes exigeait, pour les deux troupes en présence, d'un côté l'utilisation complète du terrain, de l'autre la nécessité de profiter dans la plus large mesure de la puissance du feu que l'on pouvait obtenir. L'attention devait donc forcément se porter sur la ligne des tirailleurs.

L'envie d'utiliser avec soin toute l'étendue du terrain disponible faisait désirer une plus grande liberté de mouvements pour les hommes isolés et, par suite, de plus grands intervalles entre les tirailleurs ; mais le désir d'employer aussi efficacement que possible la redoutable puissance des armes à feu conduisait, au contraire, à augmenter autant que faire se pouvait le nombre des tirailleurs de la ligne de combat. Or, une ligne de tirailleurs trop serrée, comme c'était le cas chez les Russes, non seulement

---

(1) Au delà de cette distance les Japonais ont uniformément avancé par petits paquets. (Voir plus loin.)

(2) Exemple, l'attaque du village de Lamutun par cette division pendant les combats sur les bords du Scha-Ho.

est gênée dans le tir, mais encore essuie proportionnellement plus de pertes par le feu de l'ennemi. Les Japonais, admettant avec raison qu'une plus grande efficacité du feu ne peut résulter de l'emploi d'un plus grand nombre d'armes qu'aussi longtemps que subsiste la liberté de mouvements nécessaire pour leur maniement et que la formation ne devient pas trop vulnérable, avaient adopté un pas et demi comme intervalle moyen entre les tirailleurs, laissant, bien entendu, à l'initiative des subordonnés le soin de resserrer cet intervalle lorsqu'on trouverait un terrain favorable et, par contre, de l'augmenter autant qu'on le pourrait en terrain découvert. Les Japonais, d'ailleurs, mettaient une certaine coquetterie à pousser l'utilisation du terrain jusqu'à son extrême limite autant pour la marche de la ligne de combat que pour celle des renforts et même des réserves, bien que, pour ces dernières, on puisse signaler de nombreux cas où elles sont tombées en formations denses sous le feu de l'infanterie russe.

Au début et même pendant tout le cours de la guerre, l'infanterie russe n'employa presque que des feux de salve, ne tenant ainsi aucun compte de la valeur individuelle et de l'intelligence de chaque tireur. Quand l'ennemi arrivait à faible distance, le feu rapide commençait ; le feu à volonté n'était employé que comme feu lent et quand les circonstances du combat nécessitaient une accalmie dans le tir. Dans l'offensive, l'armée russe ne voyait l'issue du combat que dans l'attaque à la baïonnette et, souvent, elle s'élança à l'assaut sans avoir cherché comme condition nécessaire et préalable à acquérir la supériorité du feu. Quelquefois même elle abordait l'ennemi avant d'avoir tiré un seul coup de fusil (1). Enfin,

(1) Une dépêche du quartier général russe, rédigée pour être publiée, sur l'attaque du village de Hokentaï (fin janvier 1905)

les officiers russes, très visibles quand ils commandaient le feu de leurs troupes, présentaient au tir ennemi des points de repère indiqués pour la concentration des feux. Aussi ont-ils non seulement payé très cher de leur personne cette manière de faire, mais encore ont-ils considérablement augmenté les effets du feu des Japonais en indiquant constamment à ceux-ci les positions approximatives occupées par les lignes de tirailleurs.

Du côté japonais, la supériorité du feu semble avoir, avant tout, préoccupé les esprits au début du combat comme au moment de l'assaut. Les salves n'étaient employées que contre des formations massées et dans les poursuites (qu'ils rendaient terribles pour les Russes), les Japonais réservant pour les circonstances ordinaires du combat le feu à volonté très nourri et très violent.

En général, des deux côtés, le feu s'ouvrait de très loin ; dans la défensive, pour retarder l'adversaire, le faire déployer et, par suite, lui faire perdre du temps ; dans l'offensive, toutes les fois que les circonstances permettaient de compter obtenir un succès matériel ou moral quelconque. Ce n'est que dans le seul cas où les conditions particulières les obligeaient à attendre l'arrivée de l'ennemi à 600 ou 700 mètres que les troupes se résignaient au feu à courte distance. Un tel mode d'emploi du feu entraîna nécessairement la consommation d'un nombre considérable de cartouches ; de sorte que, par suite du mauvais fonctionnement du service de réapprovisionnement, les troupes durent plusieurs fois cesser le feu faute de cartouches (1).

---

vante d'une façon tout à fait exceptionnelle la troupe assaillante d'avoir pénétré dans le village sans avoir fait feu. Heureusement pour les Russes que les Japonais étaient très peu nombreux dans le village.

(1) Ce fait se produisit surtout du côté des Russes, et notamment dans les combats livrés sur les bords du Sha-Ho.

PHYSIONOMIE GÉNÉRALE DU COMBAT DE L'INFANTERIE JAPONAISE

Aussi longtemps qu'un abri quelconque était à leur disposition, les Japonais s'y sont attachés avec le plus grand soin, et pour cela ils ont adopté celles des formations qui correspondaient le mieux aux dimensions et à la situation de l'abri, et même abandonnaient pour le moment toute formation si l'utilisation du terrain l'exigeait. Ainsi, derrière un abri, dans un fossé, des compagnies entières qui marchaient dans la direction de l'ennemi se sont le plus souvent avancées homme par homme les uns derrière les autres à la file indienne. Des patrouilles isolées envoyées en avant et à courte distance de chaque compagnie les mettaient à l'abri des surprises. De cette manière, il leur est souvent arrivé, en pays montagneux, de s'approcher sans être aperçus à 400 ou 500 mètres de l'ennemi insouciant et d'ouvrir tout à coup sur lui, comme s'ils étaient sortis de terre, un feu terrible dont le résultat matériel s'augmentait de l'effet de surprise produit. D'une façon tout aussi habile, les Japonais ont, en pays plat et découvert, utilisé la configuration et les diverses plantations des champs, notamment le kaolian, plus haut qu'un homme et qui, dans le sud de la Mandchourie, couvre les champs à perte de vue (1).

(1) Un officier supérieur russe cherchant en octobre 1904, après la bataille de Liao-Yang, à encourager ses troupes fortement ébranlées par la manière de combattre des Japonais, disait que jusqu'alors de malins esprits s'étaient levés devant les Russes, d'abord l'esprit de la montagne, puis celui du kaolian, mais que, en arrivant dans la plaine découverte, tout disparaîtrait et le succès reviendrait indubitablement. Malheureusement pour les Russes l'inquiétude de leurs troupes ne s'est pas dissipée, car ce n'est point l'esprit de la montagne ni même celui du kaolian (qui n'avait aucun intérêt à combattre les Russes plutôt que les Japonais) qui ont contribué à la défaite de l'armée russe; celle-ci a succombé à l'esprit d'offensive, à l'élan et à la supériorité manifeste de l'armée japonaise.

Pendant que la ligne de combat s'approchait ainsi de l'ennemi jusqu'à ce qu'il lui soit impossible de marcher sans tirer, les renforts et les réserves qui se trouvaient en arrière s'avançaient par les couloirs déjà utilisés par les premiers hommes, de sorte que tout l'ensemble du dispositif japonais suivait à la file indienne parfois de très nombreux cheminements, mais parfois aussi à peine un ou deux couloirs, sans crainte d'un allongement qui aurait pu paraître excessif. Quand la ligne de combat ouvrait le feu, les échelons en arrière se massaient à la sortie du dernier couvert, prêts à soutenir la première ligne, à l'étayer et à lui infuser le sang nouveau qui devait lui permettre d'avancer. Dès qu'ils quittaient leur dernier abri, ces échelons se déployaient en tirailleurs et, comme ils étaient promptement absorbés par la ligne de feu (d'où mélange énorme des unités), il n'était pas rare que celle-ci ne parvienne dès le début à son maximum de densité, avec une tendance à chaque instant plus marquée d'augmenter d'une façon surprenante la largeur du front de combat.

Les Japonais acquéraient ainsi dès le début une ligne de feu redoutable qui leur assurait généralement la supériorité du feu. Alors, semble-t-il, et si l'on s'en rapporte à l'esprit d'offensive qui animait individuellement chaque âme de l'armée japonaise, si l'on songe au désir qui brûlait les soldats et les chefs d'aborder leurs adversaires à l'arme blanche, on pourrait supposer que, pour franchir la distance de 600 à 700 mètres qui les séparait des Russes, les Japonais n'eussent eu besoin que de quelques heures ! L'examen des relations de la guerre, bien que, naturellement, il ne puisse s'appuyer que sur de simples observations locales et particulières, nous oblige à reconnaître que généralement il s'est produit à ce moment une certaine stagnation dans le combat. La nécessité s'imposait de remettre de l'ordre dans les troupes qui venaient de cheminer et d'attendre l'arrivée des renforts qui devaient compléter la densité de la ligne de tirailleurs et permettre d'acquérir la supériorité du feu sans laquelle il ne peut y avoir de nouvelle offensive. Or, les Russes étaient encore à peu près intacts ; il fallait donc fatalement un certain temps avant que des pertes relativement importantes aient produit chez eux un revirement visiblement décisif.

Si, jusqu'à l'ouverture du feu, il faut qu'avant tout l'habileté des chefs subalternes se fasse valoir pour amener jusqu'au point désigné une troupe aussi intacte que possible, après l'ouverture du feu c'est à leur énergie qu'ils doivent faire appel, et elle ne manquait pas aux Japonais. Sur toute la ligne de feu, la marche en avant s'exécutait par petits paquets et chaque chef, prêchant d'exemple, toujours en tête, cherchait uniquement à exciter l'ardent désir qui animait ses soldats d'atteindre au plus tôt l'ennemi et à gagner du terrain en avant en profitant de chaque occasion où la violence du feu ennemi semblait diminuer pour entraîner à sa droite et à sa gauche autant d'hommes que son influence et les circonstances du combat le lui permettaient. Les bonds, ordinairement de 50 pas environ, s'exécutaient par faibles essaims de tirailleurs qui parcouraient le plus rapidement possible l'espace à traverser et allaient se grouper ensuite autour de leurs officiers déjà établis. Quand ils ne pouvaient trouver le moindre abri, ils se couchaient en arrivant à l'emplacement désigné et essayaient avec leurs outils portatifs de se créer un masque, si petit soit-il.

Cette manière d'avancer sous le feu de l'ennemi ne paraît pas avoir recueilli tous les suffrages, puisque plusieurs officiers supérieurs japonais demandent aujourd'hui encore des bonds par sections ou par compagnies entières, d'aucuns même par groupes plus nombreux, et une voix parmi les plus autorisées s'est élevée pour demander que toute la ligne s'avance en même temps parce que, dit-elle, on a reconnu pendant la guerre que, instinctivement, l'ennemi concentrant son feu sur les détachements qui s'élancent en avant, leurs pertes augmentent par suite considérablement. Nous répondrons à cela que si l'on veut éviter ces pertes, il n'y a qu'à faire alterner les groupes dans les sections et surtout dans les compagnies ; l'ennemi ignorera alors d'où va s'élancer l'essaim, et avant que son chef puisse désigner le nouvel objectif, les hommes, si l'on a soin de ne leur faire parcourir que de faibles distances, seront de nouveau terrés ou abrités.

L'assaut a maintes fois commencé à 400 mètres des Russes, mais la plupart du temps à 300 mètres et quelquefois même à 150 mètres seulement. Il n'était pas rare à partir de 400 mètres de voir tout d'abord s'avancer quelques officiers isolés, auxquels se joignaient bientôt les hommes les plus intrépides. Ce n'est que peu à peu que toute la masse, dans laquelle la baïonnette était mise individuellement au bout du canon, se mettait en mouvement. Souvent, pour ne pas dire toujours, ces officiers héroïques payaient de leur vie leur entrain et leur dévouement sans que cela puisse d'ailleurs refroidir l'élan de leurs camarades toujours prêts à les imiter.

Malgré la surprenante habileté et la persévérance des Japonais et peut-être même précisément à cause de ce désir d'arriver au plus tôt au corps-à-corps, le besoin s'est fait sentir dès le début des opérations d'alléger autant que possible les troupes qui allaient donner l'assaut décisif, de sorte que, pour ainsi dire par principe, l'infanterie de l'attaque a abandonné ses sacs et ses ustensiles pour ne conserver que sa baïonnette. Malgré cela, les troupes d'assaut arrivaient parfois tellement essoufflées sur la position conquise qu'elles s'y arrêtaient anéanties, immobilisées, dans l'impossibilité matérielle de se mouvoir et livrées indubitablement à la merci du moindre retour offensif des Russes (1).

Enfin, il est intéressant de remarquer que plusieurs fois les Japonais, avant même qu'il y ait eu contact, se sont repliés d'eux-mêmes au moment de donner l'assaut, pour recommencer plus tard et dans d'autres conditions une nouvelle tentative (2).

Quoi qu'il en soit, cette guerre est venue à point pour démontrer, à ceux qui n'y croyaient plus, la nécessité de conserver la baïonnette. Les assauts à l'arme blanche y ont été très nombreux, très meurtriers et très concluants ; ils ont naturellement terminé tous les combats et, en outre, ils ont été l'auxiliaire nécessaire et obligatoire des troupes qui ont eu à livrer des combats de nuit. Ces considérations doivent certainement ramener les esprits vers la réadoption des anciennes baïonnettes longues, de préférence aux baïonnettes courtes.

---

(1) Exemple à Liao-Yang, où les Russes, par un simple retour offensif immédiat, non seulement reprirent les positions perdues, mais encore firent prisonniers tous les Japonais qui avaient donné l'assaut et qui, épuisés, gisaient incapables du moindre mouvement sur les positions mêmes où ils venaient de s'arrêter.

(2) Ce fait s'est produit en particulier à la bataille de Liao-Yang.

COMBATS DE NUIT

Lorsque la solidité de la position ou la crainte du feu de l'artillerie ou de l'infanterie ennemies, ou bien encore quand le manque d'abris pour cheminer rendaient la marche en avant impossible pendant le jour, et la faisaient considérer *à priori* comme sans grandes chances d'aboutir, on avait très volontiers recours, du côté japonais surtout, à une marche ou une attaque de nuit (1).

Le procédé différait naturellement selon qu'il s'agissait de terminer pendant la nuit un combat dont l'issue était restée indécise, ou bien d'en entreprendre un nouveau.

Dans le premier cas, la ligne de combat la plus rapprochée de l'ennemi profitait de l'obscurité pour s'avancer, suivie des réserves, hors de la dernière position qu'il lui avait été possible d'atteindre et de conserver dans la journée, et elle marchait alors jusqu'à ce que l'ennemi, s'apercevant enfin du mouvement, ouvre vigoureusement le feu. A ce moment, tout le monde se jetait immédiatement à terre et construisait des tranchées-abris aussi vite que possible. Mais le tir sans viser, au simple jugé et sans préparation spéciale, ne donnait, pendant la nuit, que des résultats absolument insignifiants. En général, les Russes tiraient beaucoup trop haut et les Japonais, couchés, n'étaient que très rarement atteints. Dès que le feu cessait de nouveau, la marche en avant était reprise, suivie bientôt d'un nouvel arrêt et de l'exécution rapide d'un autre abri momentané ; les réserves qui suivaient les premières lignes profitaient à chaque arrêt des abris déjà construits par ceux qui les devançaient. Grâce à cette manière d'avan-

(1) Les Japonais ont aussi très souvent employé très heureusement la nuit par la préparation des emplacements de batterie qui devaient être occupés à la pointe du jour.

cer, très lente, il est vrai, il est arrivé aux Japonais de ne plus se trouver au point du jour qu'à 200 ou 300 mètres de l'ennemi, c'est-à-dire à la distance voulue pour le départ de l'assaut définitif.

Comme exemple d'attaque de nuit, nous citerons l'assaut donné par une division entière appuyée par une brigade de réserve, dans la nuit du 11 au 12 octobre (bataille du Scha-Ho), sur deux collines situées au milieu du front russe, assaut qui avait été différé pendant le combat de la veille, la position ennemie ayant été jugée trop forte pour être enlevée de jour. Pour cette attaque, l'expérience des autres assauts de nuit avait été mise à profit, de sorte que nous pouvons considérer les dispositions prises comme le résultat de toutes les réflexions antérieures.

Le commandement de la 1re ligne, ainsi que celui de la 2e ligne, appartenait respectivement à chacun des deux généraux de brigade ; celui de la 3e ligne, en tant que réserve générale (en réalité ce n'était qu'une troisième ligne de combat et non une réserve générale), était réservé au général de division lui-même. Dans les premiers échelons (1re ligne) se trouvaient six bataillons, le tout déployé en tirailleurs, les hommes à côté les uns des autres, sans intervalles. Derrière et à seulement 40 ou 50 pas, suivaient environ huit bataillons de 2e ligne, les bataillons à la même hauteur et en colonnes par compagnies déployées, et enfin, en 3e ligne, à une distance de 100 à 150 mètres de la 2e, marchaient neuf bataillons groupés en deux colonnes.

Des hommes isolés, avec des fanions blancs, se suivant de très près, servaient à relier les trois lignes. En outre, il était fait partout un très copieux usage d'hommes de liaison qui devaient assurer les communications entre les lignes de feu et les réserves les plus proches. Comme marques distinctives et pour bien leur permettre de se reconnaître mutuellement (1), les troupes d'attaque portaient de larges brassards blancs et des manteaux sombres (2), et avaient ôté leurs effets couleur cachou d'étoffe légère, destinés le jour à diminuer leur visibilité (3).

Enfin, devant les compagnies les plus avancées devaient marcher, à petite distance, des patrouilles d'hommes particulièrement braves et habiles. Ils devaient faire un signe convenu s'ils rencontraient l'ennemi, ne point tirer et se coucher. Des ordres sérieux étaient donnés aux troupes qui ne devaient faire feu sous aucun prétexte, mais avancer continuellement (4).

Comme point d'attaque, on donnait, dès le soir, aux deux ailes deux hauts sommets qui se dessinaient très bien la nuit sur le ciel.

Le signal du commencement de l'attaque, qui était fixé à une heure du matin, devait être donné en allumant un tas de paille, à l'endroit où se trouverait le commandant de la division.

En exécution de cet ordre, la ligne la plus avancée arriva vers trois heures du matin, à environ 800 mètres de l'ennemi, et repoussa des postes d'observation isolés d'où partirent plusieurs coups de feu. L'artillerie enne-

---

(1) Il a été démontré que les troupes facilement reconnaissables vont avec beaucoup plus de confiance au combat de nuit et sont beaucoup moins portées à une panique. Reconnaître ses propres camarades relève la confiance et diminue le sentiment de la solitude et de l'insécurité qu'éprouvent fatalement les personnes marchant et combattant dans l'obscurité.

(2) Parfois même, pour les attaques de nuit, les Japonais ont endossé les uniformes russes enlevés aux prisonniers ou aux morts rencontrés sur les lignes ennemies déjà conquises.

(3) Après bien des essais, les Japonais n'avaient trouvé rien de mieux pour diminuer la visibilité de leurs troupes que de les revêtir d'un manteau très léger d'étoffe couleur cachou.

(4) Pour assurer l'exécution de cet ordre absolument nécessaire pour la réussite de l'attaque projetée, les Japonais prescrivent de faire décharger les armes, et même, dans certaines unités, d'enlever les culasses mobiles qui devaient être placées dans les étuis-musettes.

mie commença aussitôt le tir, mais sans grand succès. L'infanterie, elle, conserva son feu pour l'instant où les Japonais arriveraient à 100 mètres d'elle ; mais, à ce moment-là, les Russes tirèrent beaucoup trop haut, et les troupes assaillantes ne subirent de ce fait presque aucune perte.

Cependant, sur l'aile gauche japonaise commença bientôt un feu général, contrairement à l'ordre et aux intentions du commandant en chef ; mais l'aile droite s'avança sans hésitation et, culbutant l'adversaire, après un court combat, put bientôt se tourner en partie vers la gauche. L'ennemi qui se trouvait là, pris de trois côtés, dût aussitôt se retirer avec de fortes pertes. A 4 heures et demie du matin, toute la position russe était aux mains des Japonais.

Il est vrai que les 23 bataillons se trouvaient, à la fin du combat, pêle-mêle et dans la plus complète dissolution. Il fallut perdre beaucoup de temps pour faire disparaître cette confusion. L'entrée en action de quelques bataillons ennemis encore frais et intacts eût très aisément pu entraîner un changement de fortune. Malheureusement pour eux, les Russes n'ont que rarement connu et utilisé de telles situations si critiques pour les Japonais. Il n'est vraisemblablement pas permis, dans d'autres circonstances, de compter sur un semblable aveuglement de l'ennemi ; l'incertitude du hasard, auquel un corps-à-corps pendant la nuit est encore plus sujet qu'un combat pendant le jour, exige péremptoirement de conserver toujours en mains et à l'abri des émotions de la lutte une réserve intacte, compacte, et prête à parer à toutes les éventualités.

CONCLUSION

Nous venons d'indiquer comment, par suite de l'entraînement du peuple à désirer la guerre, de l'organisation même du commandement de leur armée et de la valeur matérielle et morale de leur infanterie, les Japonais devaient fatalement être victorieux, surtout au début des opérations. Mais il semblerait à première vue que cette supériorité des Japonais aurait dû être contrebalancée par la présence dans l'armée russe d'une nombreuse et brillante cavalerie et d'une puissante artillerie à tir rapide. Malheureusement pour la Russie, cet avantage n'était qu'apparent, ou du moins, s'il existait, l'armée russe ne put ou ne sut pas en profiter.

En fait, aucun des belligérants n'eut à sa disposition une cavalerie de premier ordre.

Chez les Japonais, c'est le nombre et la valeur des chevaux qui manquaient ; chez les Russes, il semble que les cavaliers n'étaient pas à la hauteur du rôle qu'on est en droit d'exiger d'eux en campagne.

Le croisement du poney indigène japonais avec des chevaux indiens et anglais importés a produit une race qui égale à peine en taille un vigoureux mulet, et est tout aussi peu apte que celui-ci au service de la cavalerie. Or, le Japonais, autant par disposition naturelle que par habitude, n'est pas un cavalier. Il s'ensuit donc qu'au Japon, vu les conditions particulières de locomotion du pays dans lequel, abstraction faite des voies ferrées, le transport des personnes et des fardeaux s'effectue principalement à dos d'homme, le cheval ne joue pas le même rôle que chez nous, et qu'il est plus difficile aux habitants des campagnes de se familiariser dès leur jeune âge avec la pratique du cheval.

Ce manque d'habitude du cheval devait souvent arrêter la cavalerie japonaise et fortement limiter sa valeur en campagne.

Les Russes n'avaient, au début, comme cavalerie de ligne que deux régiments de dragons (nos 51 et 52), qui étaient arrivés sur le théâtre des opérations en même temps que le XVIIe corps et qui paraissent avoir suffisamment bien compris leur rôle de reconnaissance, notamment au nord de Taitsyho, dans la bataille de Liao-Yang. Le gros de la cavalerie russe était presque exclusivement constitué par des régiments de cosaques du deuxième et du troisième ban dont la formation n'avait été décrétée qu'au moment de la mobilisation. De telles troupes aussi peu entraînées et expérimentées ne pouvaient rendre, malgré leur grand nombre, de bien grands services. Et même leur activité dans leur service d'éclaireurs qui, facilitée par leur habitude incontestable du cheval, devait, semble-t-il, leur assurer une supériorité évidente, n'a pu donner de résultats bien appréciables parce qu'une grande partie des sous-officiers et des soldats (1) ne savaient ni lire ni écrire. Dès lors, ne pouvant bien comprendre la situation générale, ni avoir l'intuition bien nette de ce que l'on pouvait attendre d'elle, et surtout n'étant pas bien orientée sur la façon de rédiger et de transmettre les renseignements, cette cavalerie devait fatalement éprouver de grandes difficultés dans l'exécution des missions qui lui seraient confiées.

On peut donc s'expliquer, à la rigueur, quelques-uns des insuccès de la cavalerie russe, sur la grande supériorité numérique de laquelle le gouvernement et l'armée

(1) Souvent même des officiers.

avaient fondé tant d'espoir. Mais il existe, en outre, des circonstances atténuantes qui peuvent diminuer la responsabilité de la cavalerie russe : le manque de clairvoyance et de compréhension nette de la situation, ainsi que le peu de confiance en lui-même et dans ses troupes qui caractérisaient le commandement russe, a certainement empêché, dans une très grande mesure, sa cavalerie de faire preuve d'une activité capable de donner des résultats appréciables.

De sorte que, active et entreprenante, la cavalerie japonaise, en dépit de son infériorité numérique, de la mauvaise qualité de ses chevaux, et de son manque d'habitude du cheval, a beaucoup plus attiré l'attention que celle des Russes par les services rendus et les résultats obtenus. Aussi bien dans la bataille du Scha-Ho, sur l'aile droite, au nord de Benzihu, que dans la bataille de Moukden, sur l'extrême aile gauche, au nord-est et au nord de Moukden, leurs entreprises audacieuses et leurs apparitions subites ont eu des effets très concluants.

Enfin, au point de vue de la tactique particulière de chacune des deux cavaleries, nous constaterons que l'usage du combat à pied est devenu de plus en plus fréquent, au point même de devenir presque exclusif (1). Le rôle d'infanterie montée semble être devenu celui qui incombera le plus souvent à la cavalerie dans les guerres futures (particulièrement en pays couvert et coupé), surtout si elle sait profiter des avantages que donnent actuellement aux troupes la longue portée des armes à feu et l'usage de la poudre sans fumée (2).

Si la cavalerie japonaise manquait de chevaux, l'artil-

(1) On signale même des cas où l'assaut a été donné par des dragons armés de leurs carabines à baïonnettes.

(2) Dans les combats de cavalerie contre cavalerie, les Japonais employèrent la charge en bataille ; les Russes, la lava ou charge en fourrageurs.

lerie n'était guère mieux partagée. Le peu de valeur de ses attelages força souvent l'artillerie japonaise, dans les circonstances difficiles de la viabilité en montagne et pendant les périodes de mauvais temps, de supprimer toute autre allure que le pas et d'exclure presque complètement les changements de position sous le feu ennemi. Elle a donc été obligée de s'assujettir à tirer sur place par-dessus sa propre infanterie jusqu'au moment suprême du corps-à-corps. Il est intéressant de constater à quelle courte distance en arrière de l'infanterie elle ouvrait le feu et avec quelle sûreté elle le maintenait jusqu'à ce que disparaisse dans la fumée des obus et des shrapnells cette infanterie japonaise qui préférait de beaucoup, à l'instant où elle abordait l'adversaire, supporter accidentellement de la part de son artillerie quelques blessures involontaires, qu'être momentanément privée de son appui.

Le matériel japonais, construit presque uniquement en vue d'une guerre en pays montagneux, n'était qu'à tir accéléré, et les gargousses étaient encore séparées des obus ; mais il était servi par des hommes dont l'instruction militaire spéciale, pour ne pas être parfaite, était de beaucoup supérieure à celle des artilleurs russes. De plus, sa légèreté lui assurait une supériorité qui rachetait et au-delà son infériorité balistique.

Ne prévoyant pas une guerre aussi imminente, les Russes étaient en train de substituer une artillerie à tir rapide à leur ancien matériel à tir accéléré lorsqu'ils furent brusquement surpris par l'agression si prompte du Japon ; de sorte que pour parer au plus pressé on se contenta de faire subir au matériel en service autant d'améliorations que de transformations. Et comme les brigades d'artillerie qui possédaient des pièces à tir rapide ou qui en furent dotées n'avaient pas encore eu l'occasion de faire des exercices de tir avec les nouvelles pièces, le plus grand nombre d'officiers et de soldats ne put les connaître et les expérimenter que sur le champ de bataille.

Une semblable défectuosité dans l'instruction du personnel et la façon d'utiliser le matériel devaient fatalement atténuer et même faire disparaître l'avantage que les Russes auraient pu tirer des qualités balistiques supérieures de la nouvelle artillerie ; d'ailleurs, les Japonais avaient, en artillerie, une supériorité numérique considérable, et ils savaient l'utiliser pour annuler les effets du tir rapide de leurs adversaires. Cherchant à s'assurer dès le début de la lutte d'artillerie la supériorité du feu, ils n'hésitaient pas à employer en masse toute l'artillerie disponible pour écraser immédiatement de leur feu très nourri et concentré les batteries que les Russes engageaient par petits paquets et suivant les errements d'une tactique que la guerre de 1870 aurait dû, semble-t-il, définitivement condamner. L'idée de conserver partout et toujours une réserve d'artillerie intacte était tellement enracinée dans l'armée russe que les lourdes pertes essuyées au début des opérations par les batteries entrées les premières au combat ne dessillèrent pas les yeux des chefs et n'entraînèrent pas la nécessité de réduire *a priori* de telle pertes en portant, comme le faisaient les Japonais, la masse entière en même temps au feu. On préférait garder des batteries disponibles pour autant que possible assurer l'égale puissance du feu si l'ennemi venait à mettre en jeu de nouvelles pièces, méconnaissant ainsi le grand principe que ne cessent de répéter les maîtres dans l'art de la guerre : « L'artillerie doit toujours être employée en masse prête à l'action d'ensemble, son feu seul étant réservé. »

Et puisque nous avons été amené à parler de la malheureuse guerre de 1870, nous nous permettrons de pousser plus à fond cette comparaison pour constater que, dans l'Est de la France comme en Mandchourie, pendant la guerre franco-allemande comme dans la lutte du Japon contre la Russie, les mêmes causes ont toujours produit les mêmes effets.

Comme les soldats de l'armée de Bazaine, les Russes de Kouropatkine n'ont connu que la retraite alors qu'ils brûlaient du désir de se mesurer contre les envahisseurs devant qui ont les obligeait à reculer ; comme la France la Russie, colosse que rien ne semblait pouvoir abattre, a été vaincue par une jeune nation luttant pour l'émancipation de sa race ; comme Sedan enfin, Moukden a été le signal de troubles intérieurs dont le résultat final sera peut-être le démembrement de la grande nation russe, en tout cas la chute du régime actuel. Cependant, l'armée russe, ainsi que nous l'avons vu, ne paraissait pas *a priori* vouée à une défaite aussi rapide ! Qui aurait pu soupçonner en Europe que cette formidable masse d'hommes que la Russie peut, à la mobilisation, opposer à ses adversaires n'arriverait pas à arrêter une poignée d'envahisseurs résolus ! (1). Mais qui aurait pu supposer, en 1870, que notre armée, dont la renommée était universelle, se laisserait anéantir par les Prussiens de de Moltke ! Seuls, les initiés, ceux qui connaissaient la cause originelle qui devait engendrer les défaites, et qui pouvaient apprécier l'insuffisance du haut commandement ; ceux qui soupçonnaient le désir qui gagnait peu à peu les chefs de se détacher de leur métier spécial pour goûter aux délices d'une paix déjà trop longue et d'abandonner toute étude militaire pour se reposer sur les lauriers d'antan ; ceux qui ne cessaient d'envoyer à leurs gouvernements respectifs les avis les plus alarmants sur les arme-

(1) La mobilisation complète des forces russes ne fut jamais ordonnée par suite de la difficulté que la Russie aurait éprouvée pour le transport de son armée en Mandchourie.

ments et les agissements de leurs ennemis et laissaient entrevoir une guerre à bref délai ; ceux-là seuls, dis-je, auraient pu peut-être éclairer les nations en cause ; mais on ne les écouta pas en France et, en Russie, on les empêcha, sous peine de déportation en Sibérie, de « discréditer l'armée et le gouvernement ».

Ce n'est donc pas seulement dans la supériorité du commandement et de l'instruction militaire des Japonais qu'il faut chercher les causes de la défaite des Russes. Napoléon disait toujours à ses maréchaux, que la victoire appartient de droit à la nation qui s'assure non seulement la supériorité matérielle, mais encore et surtout la supériorité morale. En 1812, la force morale des Russes avait été assez forte pour inculquer à la nation l'idée de dévaster son propre territoire, seul moyen d'arrêter nos armées victorieuses de l'Europe ; en 1870, nous avons été vaincus par la volonté et l'énergie que les Hohenzollern ont mises dans l'exécution de la tâche qu'ils s'étaient imposé de réorganiser l'Allemagne sous leur hégémonie ; enfin, si en 1905 le président Roosewelt a été amené à s'entremettre pour arrêter les progrès des Japonais en Mandchourie, c'est que ceux-ci considéraient comme une véritable croisade nationale contre l'Européen, comme le point de départ de l'émancipation de la race jaune, cette guerre qui leur donnait le droit de prendre pied sur le continent asiatique.

Ainsi que nous le disions plus haut, le gouvernement japonais, considérant le traité de Shimonoscki comme une injustice flagrante ; estimant que les Européens n'avaient pas su apprécier à sa juste valeur le secours qu'il leur avait apporté, et désirant à tout prix remettre sur le tapis la question de la Mandchourie du Sud, de la Corée et de Port-Arthur, s'était appliqué à faire entrer dans l'esprit de son peuple qu'il fallait au plus tôt se faire justice soi-même contre la Russie, première bénéficiaire des clauses du traité, et s'était assuré, lentement mais sûrement, le concours absolu de tous. De sorte que, au moment où les torpilleurs japonais surprirent la flotte russe dans Port-Arthur, ce n'était pas seulement le début de la lutte entre deux nations qui s'annonçait, mais bien le signe précurseur d'un conflit bien plus vaste, bien plus redoutable, celui de l'impérialisme jaune, dont le Japon s'est institué le porte-drapeau, contre la pénétration européenne en Asie ; celui des races jaunes et combatives, confiantes dans leur mission de relèvement national, contre les races anciennes, dont elles n'hésitent pas à menacer la primauté et même l'existence.

Ce rôle d'émancipation de la race jaune que semble s'être attribué le Japon a été assez fort pour faire naître dans le peuple tout entier les hauts sentiments de sacrifice, d'abnégation absolue, de dévouement jusqu'à la mort qui ont caractérisé les Japonais en Mandchourie. Toujours prêt à combattre, désireux de vaincre à tout prix, et par suite brûlant du désir d'atteindre au plus tôt son adversaire, confiant dans ses chefs et surtout dans le succès futur de la mission politique et religieuse que s'est imposée son pape-empereur, le soldat nippon incitait ses chefs et souvent les obligeait malgré eux à prendre l'offensive. Et c'est une qualité que l'on ne saurait méconnaître aux officiers et au commandement japonais d'avoir si bien su approprier leur tactique aux sentiments et aux désirs de leurs subordonnés (s'il avait pu en être autant chez nous en 1870 !). L'offensive et l'offensive à outrance même, alors qu'ils se sentaient inférieurs en nombre ; la ferme volonté de conserver quand même l'initiative des mouvements décisifs et d'imposer malgré tout la défaite à leurs adversaires ; l'énergie de poursuivre coûte que coûte le but qu'ils s'étaient proposé, et, dans les sphères inférieures, un dévouement absolu à leurs chefs et une compréhension intelligente et raisonnée de leurs ordres, telles sont les bases du succès japonais en Mandchourie.

Pour nous, dont l'esprit d'offensive et le courage sont restés légendaires, tout en déplorant la défaite d'une nation vers laquelle allait toute notre sympathie, réjouissons-nous quand même du succès des Japonais que l'on nous a si souvent comparés, et disons-nous, en présence de ces résultats d'une guerre récente, que, sûrement, il y aura encore de beaux jours pour notre armée.

Lieutenant Marès,
du 17e régiment d'infanterie.

Paris et Limoges. — Impr. milit. Henri Charles-Lavauzelle.

Librairie Militaire Henri CHARLES-LAVAUZELLE

PARIS ET LIMOGES.

Guerre franco-allemande de 1870-71, par le commandant Ch. Romagny, ancien professeur de tactique et d'histoire à l'Ecole militaire d'infanterie. — Gr. in-8° de 392 pages, avec un atlas de 30 cartes-croquis.... 7 50

La guerre franco-allemande de 1870-1871. Histoire politique, diplomatique et militaire, par A. Wachter (édition remaniée et augmentée).

Tome I. — *De la déclaration de guerre à la chute de l'Empire.* — Fort vol. grand in-8° de 460 p. .... 5 »

Tome II — *De la chute de l'Empire à l'armistice du 28 janvier 1871.* — Fort vol. grand in-8° de 492 p. .... 5 »

Atlas contenant 10 cartes grand format, en couleurs, des théâtres d'opérations .... 5 »

Correspondance militaire du maréchal de Moltke. Guerre de 1870-1871 (*seule traduction française autorisée.*)

1er Volume. — **La guerre jusqu'à la bataille de Sedan.** — Grand in-8° de xx 352 p., 3 croquis, 1 carte en noir et 1 fac-simile hors texte... 12 »

2e Volume. — **Du 3 septembre 1870 au 27 janvier 1871.** — Grand in-8° de xxvii 348 p. .... 10 »

3e Volume. — **L'armistice et la paix.** Grand in-8° de xxii 316 p... 10 »

4e Volume. — **Guerre de 1864.** Grand in-8° de xiv 340 p. .... 10 »

5e Volume. — **Guerre de 1866.** Grand in-8° de xxviii 530 p. .... 16 »

Sans armée (1870-1871), *souvenirs d'un capitaine,* par le commandant Kanappe. — Volume in-8° de 336 pages 3 50

Les vaillantes chevauchées de la cavalerie française pendant la guerre franco-allemande de 1870-1871, par Louis Yvert. Ouvrage précédé d'une lettre autographe de M. le général de Galliffet. — Volume in-8° de 224 pages .... 3 »

Sedan. — Le dernier coup de feu (3e bataillon du 3e régiment de marche). Un épisode de la belle résistance du 12e corps à la bataille de Sedan. — Brochure in-8° de 32 pages .... 1 »

La brigade Bellecourt à l'armée du Rhin (Des attaques en masse au ravin de la Cuve, à Vernéville, à Servigny), par le colonel de Courson de la Villeneuve, commandant le 13e d'infanterie. — Volume in-8° de 140 pages, avec 4 cartes 3 50

Guerre de 1870-1871. — **Le combat de Peltre-sous-Metz** (27 septembre 1870), par un officier de l'armée du Rhin. — Brochure in-8° de 34 pages, avec 1 carte hors texte 1 50

L'armée de Metz, 1870, par le colonel Thomas. — Volume in-8° de 252 pages orné d'un portrait et de deux cartes, broché .... 3 »

Les combats autour de Metz en 1870 pendant le blocus et leurs enseignements tactiques, par le major Waldor de Heusch ancien professeur d'art et d'histoire militaires à l'École militaire de Bruxelles. (Extrait de la *Revue de l'Armée Belge*). — In-18 de 96 p., 3 croqu. h. texte 2 50

Le 4e corps de l'armée de Metz (19 juillet-27 octobre 1870), par le lieutenant-colonel breveté Rousset, professeur de tactique appliquée à l'Ecole supérieure de guerre. — Vol. grand in-8° de 384 pages avec un portrait en héliogravure du général de Ladmirault et cinq cartes h. texte...... 7 50

La défense nationale dans le Nord, en 1870-71, *Recueil méthodique de documents,* par Camille Lévi, chef de bataillon breveté. — Vol. in-8° de 706 pages avec un croquis dans le texte et deux grandes cartes hors texte 7 50

Souvenirs personnels de Verdy du Vernois, au grand quartier général 1870-71, par Soubise. — Volume in-8° de 304 pages .... 5 »

La France et l'Allemagne devant le droit international pendant les opérations militaires de la guerre de 1870-71, par le lieutenant Amédée Brenet, des chasseurs alpins, docteur en droit, avec une préface du capitaine Danrit. — Volume in-8° de 308 pages .... 7 »

Librairie Militaire Henri CHARLES-LAVAUZELLE

PARIS ET LIMOGES

L'armée russe, par le lieutenant-colonel breveté E. BUJAC, du 57e d'infanterie. — Volume in-8o de 428 p., 50 croquis........................ 6 »

Essai historique sur l'armée russe, par Elie MOUHIN, capitaine au 21e bataillon de chasseurs à pied. — Volume in-8o de 136 pages......... 2 50

Général N.-A. ORLOV. — **Les Cosaques de Transbaïkalie en Mandchourie.** Aperçu de la campagne du détachement de Khaïlar, commandé par le général N.-A. Orlov pendant les troubles de Chine en 1900. — Volume in-8o de 184 p., avec carte et croq. hors texte, couverture illustrée....... 3 »

Notes sur Port-Arthur, prises au mois de décembre 1902 par le lieutenant FORNER. — Brochure in-8o de 20 pages, avec 4 gravures dans le texte.. » 50

Russes et Anglais en Asie centrale, par le capitaine DIDREL. — Brochure in-8o de 76 pages.. 1 50

Les Cosaques, par le capitaine breveté NIESSEL, de l'état-major de l'armée. In-8o de 470 p., 6 cartes ou pl.. 7 50

La cavalerie russe, son organisation, son caractère, son instruction stratégique et tactique, par le capitaine HART. — Brochure in-8o de 48 pages.. 1 »

La vie militaire en Russie, par P. DE PARDIELLAN. — Vol. in-18 de 316 pages, orné de nombreuses illustrations en couleurs, couverture illustrée et en couleurs.. 3 50

Etude sur l'armée et la marine russes d'après les documents les plus récents, par un officier supérieur breveté. — Brochure in-8o de 30 pages.. » 75

Note sur l'armement russe et l'armement japonais comparés. — Brochure in-8o de 28 pages.. » 60

Instruction sur le combat de l'infanterie russe, annexée au règlement sur les manœuvres de l'infanterie, précédée d'un exposé sommaire des formations tactiques de l'infanterie russe en campagne. — Brochure in-8o de 52 p., deux planches.. 1 »

Nouveau règlement de manœuvres de 1897 de l'infanterie russe, comparé avec les prescriptions réglementaires analogues des règlements allemand, italien, français et austro-hongrois, conférence faite à Innsbrück, le 19 janvier 1898, par le colonel MINARELLI-FITZGERALD, commandant le 1er régiment de chasseurs tyroliens, traduite par le capitaine FELLMANN, du 68e d'infanterie. — Volume in-8o de 48 pages........................ 1 25

Règlement de 1884 pour les détachements à pied de cavalerie et de cosaques, rectifié conformément aux ordonnances du ministère de la guerre des 12 mai 1885 et 8 décembre 1889. — Brochure in-8o de 76 p., avec 5 figures.. 1 50

Un chef de détachement de l'armée de l'impératrice Catherine la Grande. — Le lieutenant-colonel Ivan Ivanovitch de Heysman, par le colonel P.-A. DE HEYSMAN, professeur à l'académie d'état-major Nicolas, traduit par le capitaine breveté NIESSEL, de l'état-major de l'armée. Brochure in-8o de 36 pages.. 1 »

Mémoires du général Szymanowski (1806-1814), traduit du polonais par Bohdane OKINCZYC. — Brochure grand in-8o de 74 pages............ 1 50

Les commandos de chasseurs dans l'armée russe, considérations tirées du *Service en campagne de l'armée russe* (1893), par le baron VON TETTAU, traduit de l'allemand par le lieutenant PILLARD, du 157e d'infanterie. — Brochure in-8o de 42 pages.. 1 »

Le catalogue général de la Librairie militaire est envoyé gratuitement à toute personne qui en fait la demande à l'éditeur Henri CHARLES-LAVAUZELLE.

www.ingramcontent.com/pod-product-compliance
Ingram Content Group UK Ltd.
Pitfield, Milton Keynes, MK11 3LW, UK
UKHW021945260726
13994UKWH00004B/1544

9 782329 411064